1. Regierungsgebäude mit Marschall- und Woiwodschaftsamt/Urząd Marszałkowski i Urząd Wojewódzki
2. Piastenturm/Wieża Piastowska
3. Schlossteich/staw zamkowy
4. Amphitheater »Millenium«/Amfiteatr Tysiąclecia
5. ehem. Industrie- und Handelskammer für die Provinz Oberschlesien/dawna Izba Przemysłowo-Handlowa Prowincji Górnośląskiej
6. Zoologischer Garten/ogród zoologiczny
7. Wehrturm der Stadtmauer/baszta i mury obronne
8. Universität Oppeln/Uniwersytet Opolski
9. Ring/Rynek
10. Rathaus/Ratusz
11. Bergelkirche/kościół »na Górce«
12. St. Adalbert-Brunnen/studnia św. Wojciecha
13. St. Adalbert-Kapelle/kaplica św. Wojciecha
14. Universitätsberg/Wzgórze Uniwersyteckie
15. Museum des Oppelner Schlesien/Muzeum Śląska Opolskiego
16. Schlossturm/wieża zamkowa
17. Fürstenhaus/Kamienica Książęca
18. Haus/Dom Nr. 11
19. Haus/Dom Nr. 12
20. Haus/Dom Nr. 16
21. Franziskanerkloster/klasztor franciszkanów
22. Annenkapelle/kaplica św. Anny
23. ehem. Synagoge/dawna synagoga
24. Alexiuskapelle und ehem. Spital/kaplica św. Aleksego i dawny szpital
25. »Oppelner Venedig«/opolska Wenecja
26. Kathedrale zum hl. Kreuz/Bazylika Katedralna Podwyższenia Krzyża Świętego
27. Sebastianskirche/kościół św. Sebastiana
28. Oppelner Nike/opolska Nike
29. Philharmonie/filharmonia
30. Brunnen auf dem Friedrichsplatz/fontanna na placu Ignacego Daszyńskiego
31. ehem. Reichsbank/dawny bank Rzeszy
32. Hauptbahnhof/dworzec główny
33. Hauptpost/poczta główna
34. Denkmal für die gefallenen Postangestellten/pomnik dedykowany poległym w czasie I wojny światowej pocztowcom
35. Polizeidirektion der Woiwodschaft/Komenda Wojewódzkiej Policji

Oppeln/Opole

Ein kunstgeschichtlicher Rundgang durch die Stadt an der Oder

Urszula Zajączkowska

SCHNELL + STEINER

Deutsches KULTURFORUM östliches Europa

DON VITO
RESTAURACJA & PUB

Inhalt

Seite 2:
Die Adalbertstraße/
ulica sw. Wojciecha
am Oppelner Ring

Geschichte im Überblick

Oppeln, Ansicht von Süden. Aquarell, 1537

Oppeln ist heute die Hauptstadt der südwestpolnischen Woiwodschaft Oppeln/województwo opolskie. Die Stadt liegt beiderseits der Oder im Nordosten der geografischen Mikroregion Oppelner Rücken/Garb Opolski. An dieser Stelle treffen die Schlesische Hochebene/Wyżyna Śląska, die Schlesische Tiefebene/Nizina Śląska und das Sudetenvorland/Przedgórze Sudeckie aufeinander.

Die Geschichte der Stadt Oppeln reicht bis ins frühe Mittelalter zurück, ihre Anfänge sind mit der beginnenden polnischen Staatsbildung verbunden. Historiker leiten ihren Namen von einem Territorialverband der westslawischen Stämme ab, die ein Gebiet mit mehreren Siedlungen und einem zentralen Stammeszentrum als *opole* bezeichneten. Im Laufe der Zeit wandelte sich dieser Name. Im 12. Jahrhundert traten zunächst die slawischen Bezeichnungen *Opule* und *Opole* auf. Als lateinische Variante erscheinen *Oppelia, Oppolia* und *Opulia*, während sich im Deutschen Opol und Oppol schließlich zu Oppeln entwickelten.

Herzog Mieszko I. (um 935–992), der erste polnische Herrscher aus der Piasten-Dynastie, schloss um 990 Schlesien – und damit auch das Stammesgebiet der Opolanen – seinem Staat an. An der Westgrenze ließ er zahlreiche Wachtürme errichten, darunter die Burg Ostrowek/Ostrówek auf der Insel Pascheke/Pasieka. Unter Herzog Boleslaw I. Chrobry (»dem Tapferen«, 967–1025), dem späteren ersten polnischen König, wurde Oppeln zu einer der vielen Kastellaneien im Piastenstaat. Ab 1138 zerfiel der polnische Staat – einschließlich Schlesien – in Teilherzogtümer; damals entstanden unter anderem die Herzogtümer Oppeln/Księstwo Opolskie und Ratibor/Raciborskie. Über das Erstere herrschte zunächst Herzog Jaroslaw (um 1150–1201), der Sohn Herzog Boleslaws I. des Langen (Bolesław Wysoki, 1127–1201). 1201 nahm Mieszko I. Kreuzbein (Mieszko Plątonogi, um 1132–1211) das Herzogtum in Besitz und nannte sich seither Herzog von Ratibor-Oppeln. Er wurde zum Begründer der Dynastie der Oppelner Piasten, die bis 1532 an der Macht blieb. Mieszko folgte 1211 sein Sohn Kasimir I. von Oppeln (1178/79–1230), der noch vor 1217 am rechten Oderufer eine Stadt nach flämischem Recht gründen ließ. Oppeln umfasste eine Fläche von etwa 16 Hektar und wurde zur Hauptstadt des Herzogtums. Erste Zuwanderer *(hospites)* kamen, um beim Auf- und Ausbau der Stadt zu helfen. Die meisten der Neuankömmlinge stammten aus Westeuropa – sie waren Flamen, Deutsche und Wallonen. Doch auch die Bewohner der Burg Ostrowek beteiligten sich an der Besiedlung der Gründungsstadt. Der Oppelner Herzog Bolko II. (um 1300–1356) verlieh der Stadt 1327 das Neumarkter Stadtrecht, ab 1410 galt das Magdeburger Recht. 1327 huldigten Bolko und weitere schlesische Herzöge dem böhmischen König Johann von Luxemburg (1296–1346), so dass das Oppelner Herzogtum bis 1532 böhmisches Lehen wurde und damit unter böhmischer Herrschaft stand.

Im Mittelalter und in der Frühen Neuzeit war Oppeln ein Handels- und Handwerkszentrum. Von den 250 städtischen Häusern waren 175 im Besitz von Handwerkern. An der Spitze der Zünfte standen die Tuchmacher. Wie die Bewohner vieler anderer europäischer Städte litten die Oppelner unter zahlreichen Katastrophen; sie wurden von Hungersnöten, Seuchen, Oder-Hochwassern, Kriegen und Feuersbrünsten heimgesucht. Allein zwischen 1260 und 1524 brannte Oppeln siebenmal nieder. Unter dem letzten Oppelner Piasten Johann dem Guten (Jan Dobry, 1476–1532) wurde die Stadt abermals zur Hauptstadt des Herzogtums Oppeln-Ratibor. Ferdinand I. von Habsburg (1503–1564), König von Böhmen und Ungarn, später deutscher König und Kaiser des Heiligen Römischen Reichs, schloss 1528 einen Vertrag mit Johann dem Guten, wonach Oppeln-Ratibor nach dem Tod des kinderlosen Herzogs an die böhmische Krone fallen sollte. Er starb am 27. März 1532 und die Habsburger übernahmen das Herzogtum, um es in den folgenden 134 Jahren (1532–1666) wiederholt ihren Gläubigern als Pfand zu überlassen. Die Habsburger hatten auch bei den polnischen Machthabern Schulden, daher unterstand das Herzogtum Oppeln-Ratibor, einschließlich der Stadt Oppeln, 1645–1666 den polnischen Wasa-Königen. Der häufige Besitzerwechsel hemmte die Entwicklung des Herzogtums, und die Folgen des Dreißigjährigen Krieges (1618–1648) waren in Oppeln noch lange spürbar. Der deutsche Historiker Colmar Grünhagen (1828–1911) schätzt, dass in Schlesien damals ungefähr 200 000 Menschen ums Leben kamen.

Auch das 17. und 18. Jahrhundert brachten der Stadt Leid und viele Niederlagen. 1615 brach der größte Brand der Stadtgeschichte aus. 1679 forderte die Pest über 900 Opfer. Zu einem weiteren Großbrand kam es 1739, die Flammen zerstörten zwei Drittel der Stadt, nur 75 Häuser konnten gerettet werden. Infolge des Ersten Schlesischen Krieges (1740–1742) zwischen Preußen und Österreich fiel der Großteil Schlesiens samt Oppeln an Preußen (Vorfriede von Breslau am 11. Juni 1742). König Friedrich II. (1712–1786) begann sogleich, Schlesien nach preußischem Vorbild umzugestalten. Die preußische Verwaltung wurde eingeführt, 1747 eine Garnison stationiert. Königliche Behörden wie Akzise-, Post- und Steueramt sowie Salz- und Baubehörde nahmen ihre Arbeit auf. Um die wirtschaftliche Krise in Oppeln zu überwinden, erhielten alle Neuankömmlinge, die Häuser in der Stadt bauen wollten, eine Unterstützung von 50 bis 80 Talern. Friedrich förderte die Gründung von Manufakturen und Fabriken, auf seine Initiative hin entstanden im Oppelner Umland Hüttensiedlungen. Allerdings stieß man auch auf Schwierigkeiten; so berichtet der Historiker

Das Stadtwappen von Oppeln

Panoramaansicht von Oppeln. Gemälde von Carl Hermann, 1842

Franz Idzikowski 1863, dass zahlreiche Fabrikanten und Handwerker mit den Geldern und Werkzeugen, die sie durch staatliche Unterstützung erhalten hatten, aus Schlesien flohen und steckbrieflich gesucht wurden. Dennoch konnte ein Teil der geplanten Initiativen umgesetzt werden. In der zweiten Hälfte des 18. Jahrhunderts entstanden in Oppeln die ersten Manufakturen – Beer und Pinkus produzierten Lederwaren, Walenty Kopcina stellte Strümpfe her.

Im 19. Jahrhundert wurde Oppeln zu einem wichtigen Verwaltungs- und Industriezentrum. Mit der Neuorganisation der Kreisgliederung in Preußen wurde die Stadt am 1. Mai 1816 Hauptstadt des Regierungsbezirks Oppeln. 1843 wurde die Bahnstrecke nach Brieg/Brzeg und Breslau/Wrocław eröffnet. Ende des 19. Jahrhunderts war Oppeln ein wichtiger Eisenbahnknoten, es gab Bahnverbindungen in sieben Richtungen. Ein neuer Bahnhof im Osten der Stadt, *Opole Wschód,* wurde 1909 eröffnet. In und um Oppeln entwickelte sich aufgrund der reichen lokalen Kalziumvorkommen die Zementindustrie. Der schlesische Industrielle Friedrich Wilhelm Grundmann (1804–1887) eröffnete 1857 die »Portland Zementwerke«, kurze Zeit später gab es bereits acht Zementfabriken in Oppeln. Das städtische Gaswerk wurde 1862/63 errichtet. Auch der Schiffsverkehr nahm in der Oderstadt zu; 1886 entstand ein Hafen am Mühlgraben/Młynówka, der 1913 nach Sacrau/Zakrzów verlegt wurde. Die stürmische Entwicklung der Stadt lässt sich am besten anhand des Bevölkerungswachstums verdeutlichen: 1816 hatte Oppeln 4 050 Einwohner, 1890 bereits 19 000. Die Bewohner gehörten verschiedenen Glaubensrichtungen an, wobei das römisch-katholische Bekenntnis mit drei Vierteln der Bevölkerung 1885 dominierte. Gut 20 Prozent der Einwohner waren Protestanten, knapp 5 Prozent Juden. Auch die ethnische und sprachliche Struktur war heterogen. Die Deutschen überwogen, Polen und Juden waren die wichtigsten Minderheiten.

Entsprechend dem Bevölkerungswachstum erfuhr auch das Stadtgebiet von Oppeln eine Erweiterung. Bisher landwirtschaftlich genutzte dörfliche Vororte wurden zu Bauland, so die Groschowitzer Vorstadt/przedmieście Groszowickie, die Goslawitzer Vorstadt/Gosławickie, die Odervorstadt/Odrzańskie (ab 1945 Zaodrze) und die Fischervorstadt/Rybaki. 1840 umfasste Oppeln rund 800 Hektar. 1891 wurde die Insel Pascheke eingemeindet, 1897 ein Teil von Königlich Neudorf/Nowa Wieś Królewska, 1899 das bereits erwähnte Sacrau.

1900 war Oppeln auf 1 646 Hektar angewachsen, wobei sich der Ausbau weiterhin vor allem auf den Süden und Osten der Stadt konzentrierte. Diese Entwicklung wurde durch den Ausbruch des Ersten Weltkriegs unterbrochen.

Nach den Bestimmungen des Versailler Friedensvertrags sollte eine Volksabstimmung über die staatliche Zugehörigkeit von Oberschlesien, also auch von Oppeln, entscheiden. In Oppeln hatte die Interalliierte Abstimmungs- und Regierungskommission ihren Sitz. Von März bis Dezember 1920 war Achille Ratti, der spätere Papst Pius XI., päpstlicher Kommissar für die Abstimmungsgebiete. Er wohnte im Pfarrhaus der Kathedrale zum hl. Kreuz/kościół św. Krzyża – die dortige Gedenktafel erinnert daran. Die Abstimmung fand am 20. März 1921 statt, 59,5 Prozent der Abstimmungsberechtigten votierten für Deutschland, 40,4 Prozent für Polen. In Oppeln selbst stimmten 94,8 Prozent der Einwohner für Deutschland, 5,2 für Polen, wobei ohnehin nach den Abstimmungsgrundlagen der Entscheid auf Ebene jeder einzelnen Gemeinde maßgeblich sein sollte. Oppeln gehörte zu dem Teil von Oberschlesien, der in den Grenzen des deutschen Staats verblieb; der bisherige Regierungsbezirk Oppeln bildete (seit 1919) die neue Provinz Oberschlesien mit Oppeln als Hauptstadt. Hier befanden sich zahlreiche Ämter und Behörden wie das Oberpräsidium der Provinz Oberschlesien, die Königliche Regierung (Sitz des Regierungsbezirks Oppeln), das Landratsamt, der Magistrat, die Oberpostdirektion, das Landgericht und das Amtsgericht. Nach der Abstimmung wurde die Reichsbahndirektion aus Kattowitz/Katowice, das Verwaltungssitz der polnischen Woiwodschaft Schlesien/województwo śląskie wurde, nach Oppeln überführt. Für die Bahnarbeiter entstand in der Moltkestraße/ulica Tadeusza Kościuszki eine kleine Wohnsiedlung.

Der Oppelner Wasserturm

8 000 Flüchtlinge und Optanten kamen aus den an Polen gefallenen Gebieten nach Oppeln. Dadurch wurde das Wohnungsbauwesen belebt; ab 1923 entstanden im Norden der Stadt 140 Häuser, vor allem für Staatsbeamte, Polizei und Optanten. Trotz wirtschaftlicher Schwierigkeiten wurden 1924/25 weitere Siedlungen mit Mehrfamilienhäusern und Villen in der Zimmerstraße/ulica 1 Maj und in der Königsstraße/ulica Plebiscytowa gebaut. Das beliebteste Wohngebiet mit überwiegend viergeschossigen Häusern, Gärten und Kinderspielplätzen entstand zwischen Vogtstraße/ulica Katowicka, Königsstraße und ulica Fabryczna. Der städtebauliche Bezugspunkt dieses Viertels war die 1925 vollendete Peter-und-Paul-Kirche/kościół św. Piotra i Pawła.

Als besonders langwierig erwies sich die Bebauung des früheren Überschwemmungsgebiets Odervorstadt. Oppeln, besonders die Gebiete links der Oder und die beiden Inseln, wurde wiederholt von Hochwassern heimgesucht. 1930 wurden 300 000 Reichsmark für den Bau von Schutzdämmen und des Flutkanals in der Odervorstadt bereitgestellt. Die Bedeutung von Oppeln als Garnisonsstadt

oben: Brandenburger Tor in Oppeln. Postkarte, 1937

unten: Peter-und-Paul-Kirche. Postkarte, 1936

wuchs; in Halbendorf/Półwieś und Szczepanowitz/Szczepanowice (ab 1934 Stefanshöh) entstanden drei neue Truppenunterkünfte. 1936 zählte die Stadt 50 561 Einwohner, von denen 96,9 Prozent – so die Volkszählung 1933 – ausschließlich deutsch sprachen. Trotzdem wurde Oppeln in der Zwischenkriegszeit zu einem wichtigen polnischen Zentrum in Oberschlesien. Der Vorstand der Region I des Bundes der Polen in Deutschland/Związek Polaków w Niemczech und das Generalkonsulat der Republik Polen (1920–1922 und 1931–1939) hatten hier ihren Sitz. Um die wirtschaftliche Lage der polnischen Bevölkerung abzusichern, entstanden die Volksbank/Bank Ludowy, die »Genossenschaft für Versorgung und Absatz ›Bauer‹«/Spółdzielnia Zaopatrzenia i Zbytu »Rolnik« und die »Landwirtschaftliche Kreditgenossenschaft«/Bank Rolników, die sich noch immer im gleichen Gebäude befindet. Während der Weimarer Republik wurde das »Zentrum« von 1919–1932 bei allen Reichstagswahlen stärkste Partei; erst die Reichstagswahl vom 5. März 1933 erbrachte hier für die NSDAP 42,1 Prozent der Stimmen. Am 1. April 1938 wurden die Provinzen Nieder- und Oberschlesien vereinigt und Oppeln erneut Sitz des Regierungsbezirks Oppeln. Nach Ausbruch des Zweiten Weltkriegs wurde die Provinz Schlesien 1941 wieder geteilt und Oppeln verlor seinen Hauptstadtstatus.

Der Zweite Weltkrieg erreichte Oppeln 1945. Bereits 1944 war die Stadt zur Festung erklärt worden und die Einwohner wurden erst unmittelbar vor der sich nähernden Front von den NS-Behörden nach Westen evakuiert. Auf ihrem Rückzug sprengten die deutschen Truppen sämtliche Brücken. Am 24. Januar 1945 eroberten die Einheiten der Ersten Ukrainischen Front der Roten Armee den rechts der Oder gelegenen Teil der Stadt und die Inseln Pascheke und Bolko. Die Gebiete am linken Oderufer wurden am 15. März 1945 besetzt. Die sowjetische Kommandantur übergab die Stadt, in der sich nur noch 170 Menschen aufhielten, am 24. März 1945 der polnischen Verwaltung. Die sowjetischen Truppen hatten zahlreiche Häuser in der Altstadt und im Zentrum niedergebrannt – insgesamt 901 Gebäude. Die meisten öffentlichen Bauten wie Gerichte, Alte Regierung, Kinos, Krankenhaus, Hotels waren zerstört. Schwer verwüstet lagen auch die Industriebetriebe brach; die Schlesische Portland-Zement-Industrie AG Oppeln (Zementwerk Odra) verlor ihren gesamten Maschinenpark. Am schnellsten konnte das Zementwerk Groschowitz/Groszowice die Produktion wieder aufnehmen. 1947 arbeitete die Zementfabrik Königlich Neudorf/Bolko wieder, etwas später folgten das Zementwerk Stadt Oppeln/Piast, Frauendorf/Wróblin und Silesia. Das Zementwerk Odra nahm den Betrieb erst 1951 wieder auf.

Der Wiederaufbau der Stadt begann 1947 und dauerte im Wesentlichen bis 1958. 1950 wurde Oppeln Hauptstadt der Oppelner Woiwodschaft. Die Einwohner-

Oppeln in Ruinen. Foto, 1945

zahl wuchs von 40 000 (1946) auf 70 000 (1965). Das Stadtgebiet wurde 1955 durch die vollständige Eingemeindung von Königlich Neudorf erweitert; im Jahr 1962 kam die Kolonie Goslawitz/Kolonia Gosławicka hinzu, 1965 folgten Groschowitz/Groszowice, 1974 Goslawitz/Gosławice und ein Teil des Dorfes Gräfenort/Grotowice. 1975 gewann Oppeln die Dörfer Birkental/Bierkowice, Frauendorf/Wróblin, Vogtsdorf/Wójtową Wieś, den restlichen Teil von Gräfenort, Gruden/Grudzice und Malino/Malina dazu. 1972 wurde Oppeln zum Bistum erhoben. Als der gebürtige Oberschlesier Alfons Nossol 1977 zum Bischof von Oppeln ernannt wurde, begann er in seiner Diözese, Brücken zwischen Deutschen und Polen zu bauen – 1989 hielt er eine Messe in deutscher Sprache. Auf seine Initiative hin fand im selben Jahr auch die berühmte Versöhnungsmesse in Kreisau/Krzyżowa statt, an der der deutsche Kanzler Helmut Kohl und der polnische Premierminister Tadeusz Mazowiecki teilnahmen. Bischof Nossol ist so zum Architekten der polnisch-deutschen Versöhnung geworden.

2011 umfasste das Stadtgebiet eine Fläche von 96 Quadratkilometern und zählte 122 625 Einwohner. Oppeln ist ein bedeutendes kirchliches und Verwaltungszentrum sowie ein wichtiger Standort für Bildung, Wissenschaft und Kultur. Seit 2001 haben hier die 1990 registrierte Sozial-Kulturelle Gesellschaft der Deutschen im Oppelner Schlesien/Towarzystwa Społeczno-Kulturalnego Niemców na Śląsku Opolskim und der Dachverband der deutschen sozial-kulturellen Gesellschaften VdG ihren Sitz. Neben fünf Hochschulen besitzt Oppeln mit dem Jan-Kochanowski-Theater/Teatr im. Jana Kochanowskiego, dem »Alojzy-Smolka-Theater für Puppen und Schauspieler«/Teatr Lalki i Aktora im. Alojzego Smolki, dem Theater »Eko Studio«/Teatr Eko Studio, dem »Theater eines Gedichts«/Teatr Jednego Wiersza, der Staatlichen Josef-Elsner-Philharmonie/Państwowa Filharmonia im. Józefa Elsnera, dem Museum des Oppelner Schlesien/Muzeum Śląska Opolskiego, dem Diözesanmuseum/Muzeum Diecezjalne, dem »Zentralen Museum der Kriegsgefangenen in Lamsdorf-Oppeln«/Centralne Muzeum Jeńców Wojennych w Łambinowicach-Opolu, dem »Museum des Oppelner Dorfes«/Muzeum Wsi Opolskiej und der Galerie für Gegenwartskunst/Galeria Sztuki Współczesnej wichtige Kultureinrichtungen.

idhostpl
KANTOR
pod 7

Das Oppelner Piastenschloss. Foto, 1900

Stadtspaziergänge

Oderinsel Pascheke/ Wyspa Pasieka

Das Oppelner Stadtgebiet schließt zwei Oderinseln ein: Bolko und Pascheke. Letztere ist 1 200 Meter lang und bis zu 500 Meter breit; hier befand sich einst eine herzogliche Imkerei (poln. *pasieka*) – daher auch der Name Pascheke. Im 19. Jahrhundert wurde die Insel zu Ehren Kaiser Wilhelms I. (1797–1888) in Wilhelmsthal umbenannt, doch blieben Pasieka oder Pascheke weiterhin übliche Bezeichnungen. 1891 wurde die Insel eingemeindet und seit Mitte des 19. Jahrhunderts bebaut, es entstanden luxuriöse Palais, Villen und Mietshäuser sowie die in der Ludwigstraße/ulica Powstańców Śląskich gelegene Haushalts- und Gewerbeschule. 1824 eröffnete Victor Friedländer nahe beim Schloss die Schlossbrauerei. Anstelle der einstigen Befestigungsanlagen wurde der Schlosspark angelegt.

Seit Jahrhunderten wird von Pascheke aus regiert. Hier residierten die slawischen Stammesfürsten und Herzöge, später die Vertreter der Könige und Kaiser. Zur preußischen und deutschen Zeit hatte der Präsident des Regierungsbezirks Oppeln seinen Sitz auf der Insel; heute befinden sich hier die Selbstverwaltung der Woiwodschaft Oppeln, das sogenannte Marschallamt/Urząd Marszałkowski, und das Woiwodschaftsamt/Urząd Wojewódzki.

Ostrowek/Ostrówek ist die nördliche Landzunge der Insel Pascheke, die sich seit dem frühen Mittelalter zu einem wichtigen Verwaltungsstandort entwickelte. Hier stand die erste Burg der Opolanen. So berichtet der *Bayerische Geograph* im *Fragmentum Geographicum* aus dem 9. Jahrhundert, dass an der mittleren Oder der slawische Stamm der Opolanen lebte, dem 20 *civitates* (Siedlungen, Burgen) gehörten. Vermutlich war die frühmittelalterliche Burg auf der Landzunge Ostrowek eine dieser *civitates* – die Keimzelle der Stadt Oppeln. Überreste dieser Burg wurden erst 1930 bei Arbeiten an den Fundamenten des

Seite 10: Blick auf die Bergelkirche auf dem Universitätsberg

Seite 12/13: Blick auf die nördliche Häuserzeile des Rings und die Kathedrale

neuen Regierungsgebäudes entdeckt. Damals konnten nur Rettungsgrabungen durchgeführt werden, systematische archäologische Untersuchungen fanden 1948–1961 statt und wurden 1977/78 abgeschlossen. Die Ausgrabungen förderten zahlreiche Objekte zutage, unter anderem Rohstoffe, Samen und Werkzeuge, die ältesten Siedlungsspuren an dieser Stelle stammen aus dem 8. Jahrhundert. Die Forschungsergebnisse sind im Museum des Oppelner Schlesien/Muzeum Śląska Opolskiego (15) zu sehen.

Nach der Übersiedlung der Bevölkerung aus der Burg auf Ostrowek an das rechte Oderufer ließ der Herzog von Oppeln-Ratibor, Kasimir I., die Wehrburg abtragen und errichtete hier vor 1228 ein Schloss. Eine von ihm ausgestellte Urkunde vom 1. August 1228 zeigt Schloss und Stadt umgeben von Schutzmauern. Im Mittelalter befanden sich auf der Insel außerdem die Schlossmühle und eine Münzstätte. Seit dieser Zeit war Pascheke eine selbstständige Verwaltungseinheit; nur die Heimarbeiter-Häuser im Norden der Insel gehörten zur Stadt.

Der Tod des letzten Oppelner Herzogs Johann des Guten im Jahr 1532 unterbrach für lange Zeit den Ausbau des Schlosses; aufgrund zahlreicher Brände und Kriege im 17. und 18. Jahrhundert konnte es nicht als Residenz genutzt werden. Erst im 19. Jahrhundert wurde der einstige Piastensitz reaktiviert und zum Gebäude der Oberschlesischen Regierung umgebaut; somit war es ab 1860 erneut das Machtzentrum. Der Nordflügel wurde 1885/86 ausgebaut, 1904–1906 entstand im Nordwesten ein weiterer Flügel im Stil der Neorenaissance. 1928–1931 wurde das Schloss abgerissen, an seiner Stelle entstand ein modernes **Regierungsgebäude** mit Paternoster (1) nach einem Entwurf des Architekten Friedrich Lehmann (1889–1957), in dem heute das Marschall- und das Woiwodschaftsamt untergebracht sind.

Das gegenwärtig älteste unter Schutz stehende Architekturdenkmal Oppelns ist der gotische **Piastenturm/Wieża Piastowska** (2). Dieser zylindrische Backsteinturm entstand im späten 13. Jahr-

Seite 14:
oben:
Regierungsgebäude auf der Insel Pascheke

unten:
Der Piastenturm

Seite 15:
oben:
Die Pfennig- oder Groschenbrücke, polnisch Zielony Most (Grüne Brücke), verbindet die Oppelner Innenstadt mit der Insel Pascheke.

unten:
Eishaus, im Hintergrund die Neue Synagoge. Postkarte, um 1920

hundert neben dem Schloss, er war etwa 35 Meter hoch und ruht auf einem sechs Meter tiefen Steinfundament. Sein Eingang war hochgelegt, er war nur über eine hölzerne Galerie oder mit Hilfe einer Leiter zugänglich. Im Turm befanden sich Verließ, Küche, Kammer, Saal und Wachstube. Ursprünglich krönte ihn ein kegelförmiger Helm, aber 1739 zerstörte ein Feuer die Turmbedachung, die seitdem mehrfach umgestaltet wurde. 1838 wurde der Turm mit Zinnen verziert, 1880 erhielt er einen gemauerten Kegel mit Granitspitze. 1906 wurde der kegelförmige Helm mit Dachziegeln gedeckt und an seiner Spitze ein Adler angebracht. Ab 1934 krönte den Turm ein Kegel aus Zinkblech mit einem neuen Adler nach dem Entwurf von Professor Gies. Durch diese Umbauten verlor der Piastenturm etwa 2,50 Meter an Höhe; außerdem erhielt er einen Abschluss durch Blendarkaden. 1957–1962 wurde der Turmhelm abermals verändert, den eher kleinen Kegel ersetzte eine eindrucksvolle gemauerte Spitze mit einem Piasten-Adler des Bildhauers Marian Nowak (1921–2000), der zugleich als Wetterfahne dient. Der Turm misst nun 42 Meter – nach 163 Stufen wird man mit einem weiten Blick über die Stadt und ihre Umgebung belohnt. 2011 wurde eine weitere Renovierung und Umgestaltung des Piastenturms beschlossen, das Ergebnis bleibt abzuwarten.

Unweit des Piastenturms liegt der **Schlossteich/staw zamkowy** (3), der im 19. Jahrhundert anstelle des ehemaligen Burggrabens angelegt wurde. Auf Anregung des Eislaufvereins entstand 1909 an seinem Ufer das Eishaus/Domek Lodowy. Der Teich wurde als Eisbahn genutzt, 1933 fand hier die deutsche Meisterschaft im Eiskunstlauf statt. Nach dem Krieg zog der Polnische Verband für Touristik und Landeskunde (PTTK) in das Eishaus ein, und die inzwischen erbaute Eislaufhalle Toropol dient den sportlichen Zwecken. Hinter dem Eishaus befindet sich ein Kindergarten – hier stand früher eine Synagoge, die in der Pogromnacht am 9. November 1938 abbrannte. Nicht weit vom Kindergarten wurde in der Lindenstraße/ulica Norberta Barlickiego 1999 ein Gedenkstein aufgestellt, um daran zu erinnern. Zehn Jahre lang, von 1897 bis 1907, war Leo Baeck, der bedeutende Vertreter des deutschen liberalen Judentums, Rabbiner dieser Synagoge. 1905 veröffentlichte er sein Grundlagenwerk *Das Wesen des Judentums*.

Hinter dem Woiwodschaftsamt befindet sich das **Amphitheater »Millenium«/Amfiteatr Tysiąclecia** von 1963 (4), in dem jährlich das »Landesfestival des Polnischen Liedes« (Krajowy Festiwal Polskiej Piosenki) stattfindet. In der Fesselstraße/ulica Strzelców Bytomskich steht das Gebäude der **ehemaligen Industrie- und Handelskammer für die Provinz Oberschlesien** (5), errichtet 1928 nach einem Entwurf von Karl Maurer. Von hier aus sendet heute *Radio Opole*. In der Zwi-

Ehemalige Industrie- und Handelskammer in Oppeln. Foto, um 1935

schenkriegszeit entstanden auf der Insel zahlreiche modernistische Bauten wie das Haus Nr. 6 des Architekten Johann Traugott Schmidt an der Viktoriastraße/ulica Pasieczna oder das Möbelgeschäft an der Kreuzung der Straßen ulica Norberta Barlickiego und Thurmstraße/ulica Mieczysław Niedziałkowski. Auf der Insel Pascheke befinden sich außerdem das Schlesische Institut/Instytut Śląski, die öffentliche Woiwodschafts-Bibliothek »Emanuel Smołka«/Wojewódzka Biblioteka Publiczna im. Emanuela Smołki, die Universitätsbibliothek/Biblioteka Uniwersytetu Opolskiego, die Redaktion der Zeitung *Nowa Trybuna Opolska*, die Druckerei Opolgraf S.A. und verschiedene Schulen, seit 1991 auch das deutsche Konsulat.

Brücke zur Bolkoinsel von der Insel aus gesehen

Die Insel Bolko/Wyspa Bolko

Bolko, die zweite Oderinsel im Oppelner Stadtgebiet, liegt südlich der Insel Pascheke/Pasieka; beide sind durch eine Fußgängerbrücke miteinander verbunden. Ursprünglich hieß sie Kampe/Kępa, also »trockene Stelle«. Herzog Bolko I. von Oppeln (reg. 1281–1313) schenkte die Insel den Franziskanern, die sie aus Dankbarkeit nach ihm benannten. Nachdem die preußische Regierung den Orden 1810/11 aufgelöst hatte, wurde die Insel an Königlich Neudorf/Nowa Wieś Królewska angeschlossen. 1910 erwarb die Stadt Oppeln die Insel, um hier einen Volkspark anzulegen. Teile des Waldes wurden gefällt und rund 12 000 Bäume und Büsche angepflanzt. Auch nach Eröffnung des Parks 1913 wurden die Arbeiten fortgesetzt, in den folgenden Jahren entstanden ein Rodelberg, eine Konzertmuschel und ein Sporthaus für die Jugend. 1937 wurde der **Zoologische Garten** (6) gegründet, sein Vorläufer war ein privates Tiergehege. Durch die Regulierung des Wassersystems der Insel wurden aus den alten Lehmgruben fünf durch Kanäle verbundene Teiche. Am Ufer des größten Teichs entstand ein Sommercafé mit Aussichtsterrasse. Die Kriegszerstörungen von 1945 trafen auch diese Insel; 1952 entstand ein Komitee zum Wiederaufbau des Zoos. 128 prachtvolle Tiere konnten aus anderen Tiergärten nach Oppeln geholt werden und der Zoo öffnete am 22. Juli 1953 wieder seine Tore, auf denen zwei steinerne Löwen thronen, ausgeführt vom Bildhauer Tadeusz Wencel.

1997 traf Oppeln eine der größten Katastrophen der Stadtgeschichte – das Jahrhunderthochwasser. Am meisten litten die Odervorstadt/Przedmieście Odrzańskie (ab 1945 Zaodrze) und die Inseln Pascheke und Bolko. Der Zoologische Garten hatte große Verluste zu beklagen; er wurde anschließend grundlegend renoviert und erweitert. Heute leben in diesem modernen Tierpark über 1 000 Tiere auf einer Fläche von

Oderpartie mit Blick auf die Oppelner Kathedrale. Ansichtskarte, um 1910

20 Hektar. Der Bolko-Park wurde zum Naturdenkmal erklärt: Hier wächst eine 400-jährige Stieleiche, Piasteneiche/Dąb Piastowski genannt, zudem erhielten sich Teile des Auwalds, der typisch für die Überschwemmungsgebiete an der Oder ist.

Die Altstadt und ihre historische Bebauung

Die heutige Altstadt umfasst das Gebiet des mittelalterlichen Oppeln. 1283 waren die Mauern fertiggestellt, die für Jahrhunderte die Grenze der Stadt markierten. Fünf Tore führten nach Oppeln: von Süden das Beuthener Tor, auch Krakauer oder Groschowitzer Tor, von Osten das Bergtor, auch Goslawitzer Tor, von Norden das Nikolaitor, vom Mühlgraben aus das Odertor, das auch Neisser oder Breslauer Tor genannt wurde, außerdem gab es das Schlosstor. Die Stadtmauern und -tore wurden im 19. Jahrhundert abgetragen, so dass nur wenige Abschnitte der Befestigung erhalten blieben. Das größte Stück Stadtmauer befindet sich bei der Kathedrale, es wurde vor kurzem rekonstruiert. Der **Wehrturm** (7) wurde der Oppelner Ritterbruderschaft zur Verfügung gestellt. Ein Spaziergang entlang der einstigen Befestigungsanlagen, also um die mittelalterliche Stadt, beginnt an der Promenadenstraße/ulica Wolfganga Amadeusza Mozarta. Über die Klosterstraße/ulica Stefanii Sempołowskiej und den westlichen Wilhelmsplatz/plac Mikołaja Kopernika gelangt man zur Universität (8), wo man in den Wallgraben/ulica księcia Władysława II Opolczyka einbiegt, der entlang einer Mauer verläuft. Von der Gartenstraße/ulica Henryka Sienkiewicza geht man in die Töpferstraße/ulica kardynała Bolesława

Stadtmauer mit Wehrturm

Die Bergelkirche, vorn links das ehemalige Jesuitenkolleg

Kominka und kommt über die Schifferstraße/ulica Marii Konopnickiej an die Oder. Die Uferstraße/bulwar księdza Stefana Baldego führt zu einer Brücke, die die Kirchstraße/ulica Katedralna mit Ostrowek verbindet, der nördlichen Landzunge der Insel Pascheke/Pasieka. Die mittelalterliche Stadtanlage von Oppeln blieb bis heute weitgehend erhalten. In der Altstadt gibt es 23 Straßen und vier Plätze. Der wichtigste Ort und zentrale Handelsplatz im mittelalterlichen Oppeln war der Ring/Rynek (9). 1308 wurde das Kaufmannshaus auf dem Ring erstmalig erwähnt, aus dem sich später das Rathaus (10) entwickelte. Die gegenwärtige Bebauung entstand beim Wiederaufbau in der Nachkriegszeit, sie knüpft an die einstige barocke Bebauung des Rings an. Eine Stadtbesichtigung sollte jedoch bei der Bergelkirche (11) beginnen, denn von dort hat man einen malerischen Blick über die Stadt.

Die Bergelkirche/kościół »na Górce« (11)

Die höchste Erhebung im Bereich der Altstadt, heute einfach Górka (»kleiner Berg«), einst aber Kalkberg/Wapienna Górka genannt, liegt 165 Meter über dem Meeresspiegel. Um diesen kleinen Berg ranken sich zahlreiche Geschichten, die vom legendären Aufenthalt des hl. Adalbert (św. Wojciech, um 956–997, kanonisiert 999) in Oppeln erzählen. So wird berichtet, dass der Prager Bischof 984 nach Oppeln kam, auf dem Berg predigte und die Opolanen zum Christentum bekehrte. Als das Weihwasser zur Neige ging, stieß Adalbert mit seinem Bischofsstab auf den Boden – und

Der St. Adalbert-Brunnen

Die Oppelner Universität, im Vordergrund der Chor der Bergelkirche

plötzlich sprudelte Wasser hervor. Diese Quelle wurde später ummauert und **St. Adalbert-Brunnen/studnia św. Wojciecha** (12) genannt. Die Oppelner kamen gern zu dem Brunnen, da sein Wasser als heilkräftig galt. Er wurde bis 1911 genutzt; die Gründe für seine Stilllegung sind unbekannt. Den gegenwärtigen Brunnen schmückt eine Bronzefigur des hl. Adalbert.

Die Bergelkirche gilt als das älteste Oppelner Gotteshaus, sie wurde um 1000 errichtet, kurz nach dem Tod des hl. Adalbert. 1254–1295 war sie eine Adalbert geweihte Pfarrkirche. Auf Betreiben des Oppelner Herzogs Boleslaw des Langen und des Breslauer Bischofs Thomas II. Zaremba (gestorben 1292) wurde die Kirche auf dem Bergel 1295 den Dominikanern übertragen. Anstelle der bisherigen Holzbauten entstanden eine steinerne Kirche und ein Klostergebäude. Die Kirche wurde 1361 der hl. Jungfrau Maria sowie den hll. Adalbert und Georg geweiht. 1530 verließen die Dominikaner die Stadt, woraufhin die Kirche vorübergehend den Protestanten übergeben wurde. Kaiser Rudolf II. von Habsburg (1552–1612) ließ sie 1558 schließen. 1604 kehrten die Dominikaner nach Oppeln zurück und begannen, Kirche und Kloster wiederaufzubauen, allerdings wurden ihre Bemühungen durch Brände (1615, 1632) und den Dreißigjährigen Krieg (Plünderung von Kirche und Kloster 1621) zunichtegemacht. Auch spätere Versuche, die Kirche wiederherzustellen, wurden durch Brände vereitelt. Erst 1739 konnten die Dominikaner Kirche und Kloster wiederherstellen – nun im Barockstil.

Jedoch wurde der Orden bereits 1810/11 säkularisiert und das Kirchengebäude dem Gymnasium übereignet. Seit Mitte des 19. Jahrhunderts wurde es mehrfach renoviert. Die Kirche ist gegenwärtig der Schmerzhaften Muttergottes und dem hl. Adalbert/Matki Boskiej Bolesnej i św. Wojciecha geweiht. Hinter ihrer neoromanischen Fassade verbirgt sich ein gotisches Gebäude, Teile der barocken Innenausstattung aus dem 18. Jahrhundert haben sich erhalten wie die Kanzel, der Hauptaltar, sechs Nebenaltäre und einige Skulpturen. In der Kirche befindet sich eine Kopie des Gnadenbilds der Gottesmutter von Piekar/Matka Boska Piekarska. 1813 wurde dieses Gemälde aus Deutsch Piekar/Piekary Śląskie in die Kathedrale zum hl. Kreuz/kościół św. Krzyża (26) überführt, wo es sich bis heute befindet; das Original verblieb während dieser Überführung kurzzeitig in der Bergelkirche, daher wird hier eine

Blick durch das Langhaus der Bergelkirche

Kopie des Bildes aufbewahrt. Sehenswert ist auch das Fragment eines Altartriptychons aus Schurgast/Skorogoszczy (um 1400), das Maria mit dem Kinde und den hll. Jungfrauen zeigt. Der Überlieferung nach wurde in der Krypta der Bergelkirche Herzog Johann I. Kropidlo von Oppeln (vor 1364–1421) beigesetzt. Die Kapelle auf dem benachbarten kleinen Friedhof stand einst an der Straße nach Sacrau/Zakrzowa, sie wurde 1609 von Andrzej Pawlotzek gestiftet.

Ein weiteres Gebäude erinnert an den Aufenthalt des hl. Adalberts in Oppeln: die **St. Adalbert-Kapelle/kaplica św. Wojciecha** (13), die aus dem späten 10. Jahrhundert stammen soll. Ihr Kuppeldach krönt eine Laterne, darüber befindet sich ein Kreuz mit der Jahreszahl 1663 – in diesem Jahr wurde der Bau in seiner heutigen Form vollendet. Wahrscheinlich entstand die Kapelle anstelle eines mittelalterlichen Wehrturms. Bis 1885 war die Kapelle freistehend, doch bei der Umgestaltung des Klosters zu einem Krankenhaus wurde sie mit dessen Westflügel verbunden. 1945 ging ihre Ausstattung in Flammen auf, seitdem wird sie nicht mehr als Sakralraum genutzt. Heute gehört sie zur **Universität Oppeln/Uniwersytet Opolski** (8).

Nach der Säkularisation 1810/11 übergab der preußische Staat das Dominikanerkloster der Regierung des neu gebildeten Regierungsbezirks Oppeln. Karl Alois Gaerth (1789–1855), ein Breslauer Domherr, zuvor Pfarrer und Bezirksschulrat in Oppeln, kaufte das Klostergebäude 1846 für 4 095 Taler. 1849 eröffnete der Oppelner Regierungs- und Medizinalrat Dr. Karl Ignatz Lorinser (1796–1853) ein Waisenheim in dem Gebäude. Die Stadt brauchte dringend ein neues Krankenhaus, daher betrieb Gaerth die Gründung des St. Adalbert-Hospitals, das bereits im Juni 1851 unter Leitung des königlichen Kreisphysikus Doktor Heer eröffnet wurde. Infolge zahlreicher Umbauten wandelte sich das Aussehen des einstigen Klostergebäudes. Es entstanden ein Ost- und ein Westflügel – letzterer wurde, wie bereits erwähnt, mit der Adalbertkapelle verbunden – sowie 1893/94 der Südflügel. Während der Kämpfe 1945 brannte das Krankenhaus aus; 1949 wurde es wiederaufgebaut. Im Zuge der Umorganisation der stationären Krankenversorgung in Oppeln wurde es 1957 in Woiwodschaftskrankenhaus »Karol Miarka«/ Wojewódzki Szpital im. Karola Miarki umbenannt. 1996 zog das Krankenhaus

links:
Figur des hl. Christopherus auf dem Universitätsberg

rechts:
Den Sommer darstellende Figur einer Skulpturengruppe

Die St. Adalbert-Kapelle

um und die Oppelner Universität übernahm den leerstehenden Komplex; bis 2001 wurde er grundsaniert und dient nun als Hauptgebäude der Universität. Daher wird die kleine Anhöhe heute **Universitätsberg/Wzgórze Uniwersyteckie** (14) genannt. Sie hat sich inzwischen zu einer anziehenden Sehenswürdigkeit entwickelt, denn Professor Stanisław Nicieja, Rektor der Universität, hatte die Idee, auf dem Hügel historische und moderne Skulpturen aufzustellen. Zu den Meisterwerken gehören vier allegorische Frauenfiguren (um 1755), Symbole für die vier Jahreszeiten, geschaffen vom schlesischen Bildhauer Heinrich Hartmann, sowie eine Figur des hl. Christophorus (1867) aus dem Palast von Koppitz/Kopice (1936–1945 Schwarzengrund).

Im östlichen Bereich des Universitätsbergs entstand der Platz der Künstler/skwer artystów – Marian Molenda schuf zeitgenössische Skulpturen von bedeutenden polnischen Komponisten, Textern und Sängern, die das Oppelner Liederfestival besucht hatten. Ein Denkmal ehrt den hervorragenden polnischen Regisseur und Theaterreformer Jerzy Grotowski (1933–1999), seine Karriere hatte in Oppeln begonnen.

Ehemaliges Jesuitenkolleg, heute Sitz des Museums des Oppelner Schlesien

Am Fuße des Universitätsbergs, am Kleinen Ring/Mały Rynek 7, steht das älteste Gebäude von Oppeln – das ehemalige Jesuitenkolleg, heute ein Ausstellungsgebäude des **Museums des Oppelner Schlesien/Muzeum Śląska Opolskiego** (15). Dieses Barockgebäude wurde aus zwei mittelalterlichen Bürgerhäusern zusammengelegt, es steht frontseitig zum Platz. Das näher an der Kirche befindliche Haus (erstmals erwähnt 1435) gehörte zunächst Hans Krebiser, um 1600 erwarb es der Arzt und Apotheker Dr. Elias Kuntschius, 1658 dann Graf Hans Blankowsky von Dembschütz aus Turawa. Bereits 1670 ging es in jesuitischen Besitz über. Das zweite Haus gehörte 1480 Hans Longelen. 1509 kaufte es Graf Hans der Ältere aus Proskau/Prószków; an der Fassade haben sich bis heute die von einem Hochzeitskranz umgebenen Wappen von Georg Proskowski und Ursula Lobkowitz erhalten. 1667 schenkte Johann Christoph Proskowski das Haus den Jesuiten, die beide Häuser renovierten und miteinander verbanden. Sie richteten hier ihr Kolleg ein, an dem 190 Schüler lernten. An der südöstlichen Ecke des Gebäudes betrieben die Jesuiten 1675–1800 eine Apotheke. Erhalten blieben ein mit Rokoko-Ornamenten verziertes kleines Fenster zur Medikamentenausgabe und ein Deckenbild mit Jesus als Heiler. Nach der Säkularisation des jesuitischen Eigentums (1773) ging das Gebäude an die preußische Verwaltung über und wurde zu einem Wohnhaus für Gymnasiallehrer. 1816 brachte man hier Büros der Oppelner Bezirksregierung unter, ab 1837 ein Krankenhaus. 1919 wurde das Gebäude wieder zu einem Wohnhaus umfunktioniert. Nach einer erneuten Renovierung befanden sich hier ab 1932 das Städtische Museum und eine Bibliothek; ab 1946 nur noch das Museum.

In der Nähe der Bergelkirche befindet sich ein **Turm** (16), der einst zum zweiten **Herzogsschloss** gehörte. Zu diesem Schloss gab es lange widersprüchliche Meinungen. Unter Boleslaw I. Chrobry soll sich hier die prachtvolle Burg der Oppelner Kastellanei befunden haben. Das Schloss wurde wohl 1382–1387 unter Herzog Wladislaw II. von Oppeln (vor 1332–1401) errichtet, vermutlich, um das Verteidigungssystem der Stadt in Richtung Osten zu stärken; zudem verzweigte sich die Familie der Oppelner Piasten rasch. Herzog Wladislaw zog sich in seinen letzten Lebensjahren in dieses Schloss zurück, das später seiner Frau, der Herzogin Euphemia, als Witwensitz diente. 1615 brannte das Schloss nieder, nur der Turm und der Pferdestall blieben

Ring mit einem Schild der Städtepartnerschaften Oppelns, im Hintergrund die Dreifaltigkeitskirche

erhalten. Anstelle des Schlosses errichteten die Jesuiten 1669 die Kirche zur Hl. Dreifaltigkeit, wobei sie teilweise Baumaterialien der Schlossruine nutzten. Nachdem Papst Clemens XIV. 1773 den Jesuitenorden aufgelöst hatte, verfiel die Kirche zunehmend; die Ruine wurde 1828 abgetragen. Auf ihren Fundamenten entstand 1829/30 das Gymnasium in der Karlstraße/ulica Edmunda Osmańczyka. Der Schlossturm wurde entsprechend seiner ursprünglichen gotischen Form wiederhergestellt. 1858/59 wurde hinter der Schule ein klassizistisches Gebäude für das Gymnasium errichtet, das sich an den Turm anschließt. Heute befindet sich hier das »Schulzentrum für mechanische Berufe«/Zespół Szkół Mechanicznych.

Der Ring/Rynek (9)

Der heutige Oppelner Ring ist Teil einer alten Platzanlage, auf der bereits die Bewohner der mittelalterlichen Burg mit

Seite 24:
Rathaus auf dem Ring

den durchreisenden Kaufleuten Handel trieben. Zwei wichtige Handelswege kreuzten sich hier: die königliche Straße Via Regia, die zwischen West- (Calais) und Osteuropa (Kiew) verlief, und die Bernsteinstraße, die Süd- und Nordeuropa miteinander verband. Der Marktplatz wurde bald zum wichtigsten Ort der neugegründeten Stadt. Hier wohnte das Oppelner Patriziat, hier spielte sich das Leben der Bürger ab. Die Häuser am Ring wurden, wie alle Häuser im mittelalterlichen Oppeln, bis ins 15. Jahrhundert hinein aus Holz errichtet. Das änderte sich unter dem Fürsten und Bischof Johann I. Kropidlo, der der Stadt testamentarisch 300 Silbermark für den Bau von gemauerten Häusern vermachte. Das erste von diesem Geld finanzierte Steinhaus am Ring gehörte Grete Preuskin. Die Ringhäuser wurden auf schmalen langen Grundstücken errichtet. Im Erdgeschoss befand sich eine überwölbte Kammer, auch der Keller lag unter einem Gewölbe. Eine lange Diele erstreckte sich über die gesamte Gebäudetiefe. Neben dem Treppenhaus war die Küche untergebracht. Die Zimmer im Obergeschoss hatten Balkendecken. In der Nachkriegszeit (1952–1955) wurden die Ringhäuser deutlich verkürzt wiederaufgebaut. Die einstige Bebauung des Rings bestand aus 39 Häusern und 13 Gebäuden, die direkt ans Rathaus anschlossen. An der Westseite des Platzes standen zwölf Häuser, an der nördlichen fünf, an der östlichen zwölf und an der Südseite zehn. Der Ring war seit der Verleihung des Stadtrechts bis 1933 der zentrale Oppelner Handelsplatz. Markt war immer montags, ein zweiter Markttag wurde am 7. Mai 1816 von der Oppelner Bezirksregierung eingeführt. 1933–1935 wurde das Rathaus umgebaut und der Ring damit zum repräsentativen Platz der Stadt – der bisher übliche Handel mit Töpfen, Bürsten und Besen passte nun nicht mehr hierher.

Das Oppelner **Rathaus** (10) entstand aus dem bereits 1308 erwähnten Kaufmannshaus. Diese hölzerne Markthalle wurde im Laufe der Zeit erweitert und zum Sitz des Stadtrats umgestaltet. Im 15. Jahrhundert wurde bereits ein Ziegelbau erwähnt, der im 16. Jahrhundert eine Turmuhr mit 24-Stunden-Ziffernblatt erhielt; eine 1566 gestiftete Glocke schlug die Stunden. Die Uhr schmückte das Oppelner Stadtwappen und die lateinische Inschrift *Concordia mater rei publice* (»Einvernehmen ist die Mutter der Republik«). Im Rathaus befand sich ein repräsentativer Sitzungssaal, der sogenannte Fürstensaal, dessen Wände durch Wandmalereien verziert waren; die Schlusssteine seines gotischen Gewölbes waren in Form von Wappenschildern gestaltet. Das Rathaus war über eine Außentreppe zugänglich; im Erdgeschoss befand sich die Markthalle. Die Gaststube im Untergeschoss wurde nach dem aus Schweidnitz/Świdnica eingeführten Bier »Schweidnitzer Keller« genannt. In den Kramläden, die im 16. Jahrhundert westlich ans Rathaus angebaut wurden, boten Handwerker ihre Waren an. Neben dem Rathaus stand der Pranger.

Die häufigen Großbrände erfassten stets auch das Rathaus, so dass es mehrfach auf- und umgebaut wurde – immer entsprechend der jeweils aktuellen architektonischen Stilrichtungen. 1739 zerstörte ein Großbrand die Stadt zu zwei Dritteln. Auch das Rathaus und der Turm mit den Archivalien brannten nieder. Bereits 1740 wurde es mitsamt dem Turm wiederaufgebaut, nun im Barockstil. Der nächste Umbau erfolgte 1818–1822. Damals wurde der alte Nordflügel abgerissen und durch einen Neubau ersetzt, das Magistratsgebäude wurde um ein Geschoss erhöht. Nun bekrönte das Rathaus eine Schwalbenschwanz-Attika, im Erdgeschoss entstanden an der Nordseite Arkaden, ein Bossenwerk wurde in Putz gestaltet. Der bekannte Berliner Architekt Karl Friedrich Schinkel (1781–1841), der als Berater am Bau beteiligt war, prägte den Stil des neuen Gebäudes. 1822 wurde der Fürstensaal grundlegend renoviert, der zwischen 1871 und 1929, als es in Oppeln kein eigenes Theater gab, auch als Theatersaal genutzt wurde. Mitte des 19. Jahrhunderts wurde eine Sanierung des Rathausturms dringend notwendig. 1863 begann der Umbau unter dem Oppelner Bauinspektor Albrecht,

der seinen Entwurf am Palazzo Vecchio, dem Florentiner Rathaus, orientierte.
Der neue Turm war 65 Meter hoch. Ein letzter Aus- und Umbau des Rathauses fand 1933–1936 statt, federführender Architekt war Johannes Schmidt aus Oppeln. Zunächst wurden die westlich an das Rathaus anschließenden Kramläden und die südlich am Turm stehenden Häuser abgetragen. Infolge dieses Abrisses kam es am 15. Juli 1934 um 21.30 Uhr zu einem Unglück: der Rathausturm stürzte ein und der älteste Gebäudeteil mit dem Fürstensaal wurde zerstört. Nur ein Gewölbeschlussstein mit dem Wappen des Herzogtums Oppeln-Ratibor und die Glocke der Uhr blieben erhalten; sie sind heute im Museum des Oppelner Schlesien zu sehen. Der heute über 62 Meter hohe Turm wurde weitgehend entsprechend dem Entwurf von 1863 wiederaufgebaut. Den viereckigen Turmkörper schließt eine Loggia mit Maschikulikranz ab, die sich zu allen vier Seiten hin mit Arkaden öffnet. Von hier an ragt der Turm wesentlich schmaler, achteckig und mit vier Zifferblättern bestückt in die Höhe, wiederum abgeschlossen von einem Maschikulikranz, hinter dem sich ein Umlauf befindet. Dieser umgibt den letzten Teil des Turms, der aus hohen Arkaden und einem abschließenden Umlauf besteht. Bekrönt ist er von einem schlanken, kegelförmigen Helm mit dem Stadtwappen – zugleich eine Wetterfahne – an der Spitze.
An den Turm wurde ein neuer Südflügel mit ebenerdigen Arkaden angebaut. Im östlichen Teil dieses Anbaus entstand ein großer Sitzungssaal, der heute nach Karol Musioł, einem Oppelner Bürgermeister, benannt ist. Das Westportal schmückt ein steinernes Stadtwappen, gestaltet von Robert Bednorz (1882–1973), Professor an der Kunstakademie in Breslau. Auch über dem Ostportal befindet sich ein Stadtwappen, dieses schuf der Breslauer Bildhauer Hermann Diesner. Professor Max Babberger gestaltete vier Fenster in der zentralen Halle. Das Rathaus wurde im Krieg nicht zerstört. Heute sitzt in diesem repräsentativen Gebäude die Stadtverwaltung. Mitte der 1990er Jahre wurde das Rathaus renoviert, die Fassaden erneuert, die Haupttüren ausgetauscht und die Räume im Erdgeschoss umgebaut. Zu Beginn dieses Jahrhunderts wurde das Treppenhaus renoviert und die Bürotüren erneuert. Das Rathaus – eines der wichtigsten Gebäude in Oppeln – symbolisiert nach wie vor die städtische Selbstverwaltung.
Der kriegszerstörte Oppelner Ring wurde unter Leitung von Marian Skałkowski bis 1955 in barocken Formen wiederaufgebaut. Diese Rekonstruktionsleistung wurde 1956 mit dem Verdienstkreuz dritten Grades auf dem Gebiet der Denkmalpflege gewürdigt. Darüber hinaus blieben jedoch einige Häuser erhalten und sind besonders sehenswert. Das Haus Nr. 1 an der Westseite ist das **Fürstenhaus/Kamienica Książęca** (17), es ist von der Schlossstraße/ulica Zamkowa aus zugänglich. Dieses Eckhaus hat einen runden Erker – ein typisches Merkmal der Oppelner Renaissance-Architektur. Es war bis 1532 im Besitz der Oppelner Herzöge. Nach dem Tod des letzten Herzogs, Johann des Guten, ging es in den Besitz von Baron Fragstein über. Der polnische König Johann II. Kasimir (1609–1672) soll angeblich 1655 in diesem Gebäude abgestiegen sein. Seit 1824 befand sich im Erdgeschoss Heinrich Grabowskys Apotheke »Zum Löwen«; noch heute schmückt eine Löwenfigur den einstigen Eingang. Die Apotheke war bis in die 1950er Jahre in Betrieb, heute befindet sich hier eine Bank. Im Haus Nr. 4 gründete der Regisseur und Theaterreformer Jerzy Grotowski (1933–1999) 1959 das »Theater der 13 Reihen« (Teatr 13 rzędów, später »Theater Laboratorium der 13 Reihen« – Teatr Laboratorium 13 Rzędów). 1965 zog Grotowski mit seinem Theater nach Breslau.
An der Nordseite sind zwei Häuser besonders sehenswert. Das **Haus Nr. 11** (18) wurde nach alten Bauplänen im klassizistischen Stil errichtet. Im 18. Jahrhundert befand sich hier die Oppelner Poststation (bis 1822), im 19. Jahrhundert übernahm das Hotel »Zum Schwarzen Adler« (bis um 1910)

Westseite des Rings, ganz links das Fürstenhaus mit rundem Erker

das Gebäude. Die Fassade des **Hauses Nr. 12** (19) stammt aus der Mitte des 18. Jahrhunderts. Unter dem mittleren Fenster hat sich ein steinernes Relief mit einer Verkündigungsszene erhalten. Die östliche Seite des Rings wurde im Wesentlichen anhand von Konzepten der Nachkriegszeit gestaltet. Aus der Vorkriegszeit besteht noch das **Haus Nr. 16** (20) fort, es wurde in den 1920er Jahren anstelle des ersten steinernen Hauses in Oppeln errichtet. In seinem Untergeschoss haben sich Tonnengewölbe mit Lünetten aus der zweiten Hälfte des 18. Jahrhunderts bewahrt. An der Südseite fallen die barocken Fassaden dreier Häuser auf: die Fassade des Hauses Nr. 30 (um 1730), das Haus Nr. 31 mit seiner spätbarocken Fassade (1738), dessen Fenster reich mit Stuck dekoriert sind, und das Eckhaus Nr. 32 mit dem typischen runden Erker (wahrscheinlich zweite Hälfte des 16. Jahrhunderts).

In der Nachbarschaft des Rings

In der Schlossstraße/ulica Zamkowa befindet sich direkt neben der **Dreifaltigkeitskirche/kościół św. Trójcy** das **Franziskanerkloster/klasztor franciszkanów** (21). Die Franziskaner wurden 1248 von Herzog Wladislaw I. (vor 1246–1281) zum zweiten Mal nach Oppeln geholt. Sie errichteten von 1250 bis 1287 eine Kirche und ein hölzernes Kloster, bereits 1307 brannten beide Gebäude jedoch wieder ab. Herzog Bolko I. von Oppeln stiftete die **Annenkapelle/kaplica św. Anny** (22) als Mausoleum der Oppelner Piasten. Bis 1359 wurde eine neue Kirche erbaut, die im Gegensatz zu ihrem Vorgängerbau, einer Basilika, als Hallenkirche errichtet wurde. Einige Kapellen aus dem 15. Jahrhundert blieben erhalten: die heute dem hl. Maximilian Kolbe geweihte Kapelle am westlichen Joch sowie die Kreuzigungs-

Franziskanerkirche mit Kapellen

Seite 29:
oben:
Links die Westseite des Rings, nördlich liegt die Kathedrale

unten:
Grundriss der Franziskanerkirche, im Süden (hier: oben) ist die Annenkapelle zu erkennen

und eine weitere Kapelle an den mittleren Jochen. Der Kirchturm entstand erst 1500. In ihm befand sich ab 1508 die Kapelle der Familie Proskowski, deren Familienwappen den Eingang schmückt. In der Kapelle wurde Hans Proskowski, der Kanzler des letzten Oppelner Herzogs Johann des Guten, beigesetzt. Nach dem Zweiten Weltkrieg kam seine Grabplatte in die Annenkapelle.
Die Kapelle des Allerheiligsten Sakraments/kaplica Najświętszego Sakramentu entstand um 1600, ein geheimnisvoller unterirdischer Gang führte von ihr aus möglicherweise bis zum Schloss. Diese Kapelle wurde im 17. Jahrhundert mit einem Ziergitter versehen. Die Klostergüter wurden 1810/11 säkularisiert; während der Napoleonischen Kriege (1813/14) diente das Klostergebäude als russisches Lazarett und als Lager. 1820 ging die Kirche an die evangelische Gemeinde über, die die bisherige Ausstattung entfernen und Emporen einziehen ließ. Nach entsprechenden Umbauten nutzte man das ehemalige Klostergebäude als Bürohaus, Museum und Schule. 1890/91 erfuhr die Kirche eine umfassende Renovierung. Der Kirchturm wurde 1899 erhöht und im Stil des Neobarock umgebaut. 1921–1923 versah der Oppelner Maler Konstantin Leszczenski die Gewölbe der Kirche mit Pflanzenornamenten. Nach dem Zweiten Weltkrieg erhielten die Franziskaner Kloster und Kirche zurück. Sie ließen beide Gebäude sanieren, die Kirche erhielt einen neuen Altar und eine Kanzel. Um den Wiederaufbau machte sich insbesondere Pater Dr. Edward Frankiewicz verdient. 1951 wurden die 1834 entfernten und dabei beschädigten Grabplatten in die Annenkapelle zurückgebracht. Sie waren 1378–1382 von Herzog Bolko III. (um 1330–1382) gestiftet worden. Die erste Platte erinnert an zwei Vorfahren des Stifters: Bolko I. und Bolko II. Auf der zweiten Grabplatte sind Bolko III. und seine Frau, Herzogin Anna (gestorben 1378), zu sehen.
Neben modernen Gedenktafeln befindet sich in der Kapelle ein zeitgenössischer Altar mit Darstellungen der hl. Anna, der beiden Stifter des Klosters, Herzog Bolko I. und Wladislaw II. – letzterer trägt ein Modell des Paulinerklosters von Tschenstochau/Częstochowa – sowie der hll. Barbara und Hedwig. In der Krypta der Kirche wurden mehrere Mitglieder der Herzogsfamilie beigesetzt: Bolko I., Bolko II., Bolko III. und seine Frau Anna, Bolko IV. (um 1367–1437) und seine Frau Margaretha von Görz (Małgorzata), Bolko II. von Falkenberg (Bolko niemodliński; um 1293–vor 1365), Wladislaw II. von Oppeln, Herzogin Hedwig, Tochter von Spytko von Melsztyn und Frau von Bernhard von Falkenberg, Groß-Strehlitz und Oppeln (um 1378–1455), Nikolaus I. von Oppeln (um 1424–1476) und seine Frau Magdalena (gestorben 1497) sowie Herzog Nikolaus II. von Oppeln (1460–1497).
Die Annenkapelle liegt unter einem dreijochigen gotischen Sternengewölbe aus der zweiten Hälfte des 15. Jahrhun-

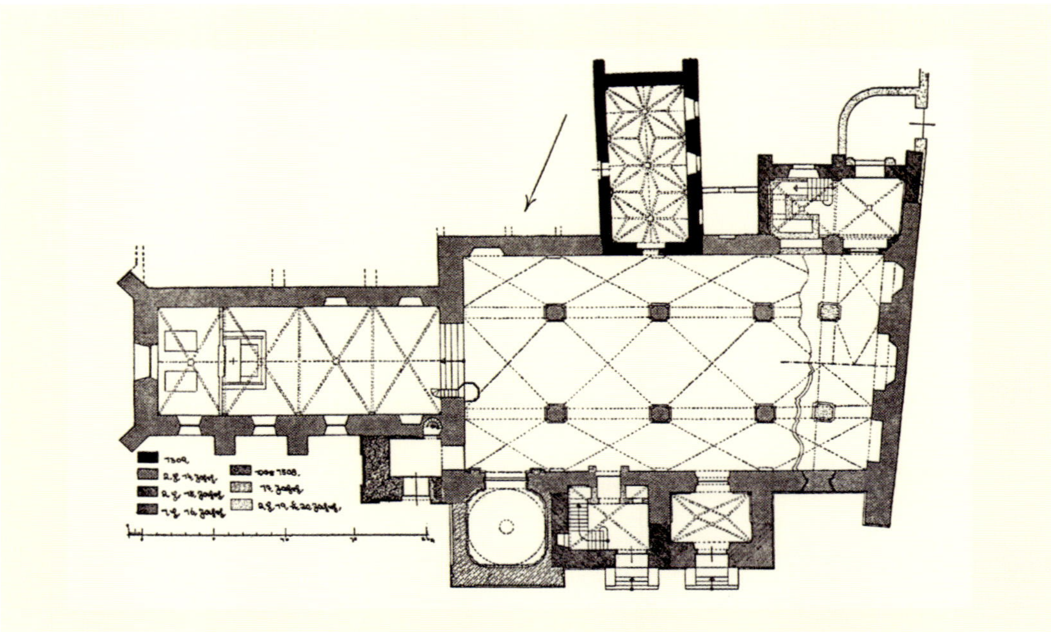

Inneres der Franzikanerkirche

derts, das anstelle einer älteren, verbrannten Holzdecke eingezogen wurde. Der mittlere der drei Schlusssteine des Gewölbes zeigt einen goldenen Adler auf blauem Grund – das Wappen des Herzogtums Oppeln-Ratibor. Die Wandmalereien in der Kapelle entstanden erst später, wahrscheinlich wurden sie von Herzog Johann dem Guten gestiftet. Sie wurden 2006 bei denkmalpflegerischen Arbeiten freigelegt. Die Restauratoren entdeckten damals im Nordschiff Fragmente eines großen Wandbilds – Maria mit dem Kinde – aus den 1430er Jahren, das wahrscheinlich von demselben Künstler stammt, der die Decke der Maximilian-Kolbe-Kapelle ausmalte.

Unter dem Hauptaltar wurde 1932 die Krypta der Herzogin Elisabeth von Schweidnitz (um 1309–1348) gefunden, einer Enkelin des polnischen Königs Wladislaw I. Ellenlang (Władysław I. Łokietek, vor 1261–1333), die mit dem Oppelner Herzog Bolko II. verheiratet war. In der Krypta befindet sich mit der Kreuzigungsszene aus dem 14. Jahrhundert die älteste bekannte Wandmalerei in Oberschlesien. Überdies existieren in der Kirche noch Skulpturen des einstigen Orgelprospekts aus dem 18. Jahrhundert: David mit der Harfe, Königin Saba mit der Laute und fünf Engel.

Ein Barockportal, verziert mit dem Wappen des Franziskanerordens, führt ins

Seite 30: Blick auf die Franziskanerkirche von Westen

Klostergebäude. Über einem der Kreuzgänge befindet sich das einzige gotische Kristallgewölbe im Oppelner Land. Vor dem Klosterportal, in Richtung Regierungsplatz/plac Wolności, steht eine Skulptur des hl. Nepomuk auf einem neuen Sockel. Bis 1855 befand sich die Figur in der Schwemmgasse/ulica Wolfganga Amadeusza Mozarta (ab 1894 Promenadengasse), später stand sie in der Nähe des Hotels »Monopol« (ab 1945 »Bristol«) Ecke Klosterstraße/ulica Stefanii Sempołowskiej und Malapanerstraße/ulica Ozimska. In den 1960er Jahren wurde der Heilige schließlich vor dem Franziskanerkloster aufgestellt – allerdings war nach all diesen Umzügen sein Sockel zerstört. Dessen Aussehen ist von Fotografien und Beschreibungen aus der Vorkriegszeit bekannt; ihn schmückten das Oppelner Stadtwappen und ein Stern, außerdem stellten Chronogramme zwei Jahreszahlen dar: FaVtor ConCorDIae et FaMae PatronVs (1711) sowie CanDiDo et rVbICVnDo (1712).

Nach der Besichtigung der Kirche empfiehlt sich ein Spaziergang in die Hospitalstraße/ulica Szpitalna, in der sich die **ehemalige Synagoge** (23), ein Speicher, die Alexiuskapelle/kaplica św. Aleksego (24) und das einstige Alexiushospital/szpital św. Aleksego erhalten haben. Auf dem Weg liegt ein eingeschossiges Gebäude mit einer Toreinfahrt – das einzige Haus in der Schlossstraße. Hier befand sich eine Ledermanufaktur, gegründet von Marcus Pinkus in der zweiten Hälfte des 18. Jahrhunderts. Ab 1833 wohnte die Familie Friedländer in der Schlossstraße 2, die die Schlossbrauerei auf der Insel Pascheke/wyspa Pasieka besaß. Sie stellten Liköre, Schnäpse und Weine her und gehörten im 19. Jahrhundert zu den reichsten Einwohnern von Oppeln. Viele Angehörige dieser Familie engagierten sich für das Gemeinwohl, für die Belange der Stadt und der jüdischen Gemeinde. Infolge der antisemitischen Pogrome während des Nationalsozialismus mussten die Friedländers Deutschland verlassen. Ihr Wohnhaus wurde nach 1945 vom Staatlichen Archiv in Oppeln/Państwowy Archiwum w Opolu übernommen.

In der Hospitalstraße steht die ehemalige Synagoge, 1840/41 von der jüdischen Gemeinde errichtet und 1842 vom Breslauer Rabbiner Dr. Abraham Geiger (1810–1874) geweiht. Um die neue Synagoge auf der Insel Pascheke zu finanzie-

Blick vom Mühlgraben über die Stadt, im Vordergrund in der Mitte die rückwärtige Fassade der ehemaligen Synagoge

ren, verkaufte die Gemeinde den Bau 1897 dem bekannten Oppelner Verleger Erdmann Raabe, der hier eine Druckerei und eine lithografische Werkstatt einrichtete. Nach 1945 übernahm das Haus des Buchs/Dom Książki das Gebäude; seit Februar 2006 sitzt hier der regionale Fernsehsender TVP Opole. Die Gegend am Mühlgraben/Młynówka entwickelte sich zu einem der schönsten Oppelner Stadtviertel. Die alten Gebäude wurden renoviert, neue Häuser entstanden, Restaurants, Kneipen und Cafés eröffneten. Abends ist der Mühlgraben von Lichtern

Die Alexiuskapelle an der ulica Katedralna

Das »Oppelner Venedig«

hell erleuchtet, seine Häuser strahlen in der Dunkelheit und laden ins **»Oppelner Venedig«** (25) ein.

An der Kreuzung Hospitalstraße und Kirchstraße/ulica Katedralna befinden sich die gotische **Alexiuskapelle** (24) und das zugehörige Krankenhaus, errichtet 1421 aus einer Stiftung des Bischofs und Oppelner Herzogs Johann I. Kropidlo. Im 17. und 19. Jahrhundert wurde die Kapelle gründlich renoviert. Der Marienaltar der Franziskanerkirche (18. Jahrhundert) kam 1812 in die Kapelle, ergänzt um ein Gemälde vom Tod des hl. Alexius. 1873 erhielt die Kapelle eine Orgel aus dem Kloster Czarnowanz/Czarnowąsy. Von der ursprünglichen Ausstattung hat sich eine spätgotische Pieta von 1505 bewahrt. Das alte Krankenhausgebäude blieb nicht erhalten, an seiner Stelle entstand im 19. Jahrhundert ein Gebäude, in dem ab 1912 das Katholische Städtische Krankenhaus St. Alexius untergebracht war. Heute nutzen die Franziskanerinnen das Gebäude für ihr Pflegeheim »Caritas«. Über dem Eingang mahnt eine lateinische Inschrift: *Da tua, dum tua sunt! Post mortem nulla potestas. Dandi: si dederis, non peritura dabis* (»Gib solange du hast. Nach dem Tode wirst du nicht mehr geben können. Und wenn du gibst, dann gib nichts Vergängliches«). Die Originaltafel ging wahrscheinlich beim Brand 1682 verloren, die Kopie stammt aus den 1970er Jahren.

Die Kathedrale (26) und ihre Umgebung

Die Kathedrale zum hl. Kreuz/Bazylika Katedralna Podwyższenia Krzyża Świętego – eine dreischiffige gotische Hallenkirche – ist die größte Kirche der Stadt und zugleich das wichtigste Gotteshaus der Oppelner Diözese. Ihr Sterngewölbe tragen zehn Pfeiler. Von der ursprünglichen Ausstattung blieben le-

Die beiden Türme der Oppelner Kathedrale

diglich ein goldener Reliquienschrein mit einem Splitter des hl. Kreuzes und ein gotisches Ornat erhalten. Aus dem 15. Jahrhundert stammt das älteste steinerne Taufbecken in Oppeln, das 1965 bei Bauarbeiten in der Nähe des Pfarrhauses entdeckt wurde. Seine achtseitige Schale schmücken das Oppelner Stadtwappen (Piastenadler und Kreuz) und eine Kartusche mit dem Zeichen des Bildhauers. Der Hauptaltar mit Skulpturen von Petrus und Paulus entstand 1773, ihn bekrönen eine Engelsgruppe und die Hl. Dreifaltigkeit. Das Altarbild von 1885 stellt die Kreuzigung dar. Den Tabernakel ziert das Lamm Gottes auf dem Buch mit den sieben Siegeln, angebetet von zwei Engeln. Der Altar in der Annenkapelle geht auf das späte 15. Jahrhundert zurück, er wurde 1965 aus Golkowitz/Gołkowice im Kreis Kreuzburg/Kluczbork hierher gebracht.

Gnadenbild der Gottesmutter von Oppeln

In der südlichen Apsis der Kathedrale hängt seit 1813 das Gnadenbild der Madonna von Oppeln (Matka Boska Opolska). Dieses Bildnis wurde Ende des 15. Jahrhunderts auf Lindenholz gemalt, es entspricht dem byzantinischen Hodegetria-Typus. Es kam 1702 aus Deutsch Piekar/Piekary Śląskie nach Oppeln, bis dahin war es als Gnadenbild der Gottesmutter von Piekar (Matka Boska Piekarska) bekannt. Zunächst befand es sich in der nicht mehr existierenden Jesuitenkirche in der Karlstraße/ulica Edmunda Osmańczyka; später kam es in die Kapelle des Gymnasiums und diente ab 1810 als Altarbild der Bergelkirche (11). 1813 wurde es endgültig der Stiftskirche zum hl. Kreuz zugesprochen. Der Kult um das Bildnis wuchs mit den Erfolgen der Gegenreformation in Piekar. 1663 machte der polnische König Johann III. Sobieski (1629–1696), der gerade auf

Seite 37: Das Innere der Kathedrale

Bronzetür der Kathedrale

Seite 39:
oben:
Kathedrale mit wiederhergestelltem Stück der Stadtmauer

unten:
Die Oder von Norden aus gesehen, links Kathedrale, Rathaus und Franziskanerkirche, rechts der Piastenturm

dem Weg nach Wien war, eigens einen Umweg, um vor dem wundertätigen Bildnis der Gottesmutter von Piekar zu beten. Nach seinem Sieg über die türkische Armee schenkte er der Madonna ein silbernes Kleid. Zwar forderte Piekar sein Eigentum zurück, doch blieb das Gnadenbild in Oppeln und wurde fortan als Madonna von Oppeln verehrt. Bis 1813 beteten zahlreiche Pilger aus dem Oppelner Land vor dem berühmten Bildnis.

In der Kathedrale haben sich zudem viele Grabplatten und Epitaphe aus Marmor, Sandstein und Gusseisen aus dem 16. und 17. Jahrhundert erhalten. Eine außergewöhnliche Renaissance-Grabplatte aus rotem Marmor erinnert an den letzten Oppelner Herzog, Johann den Guten, sie befindet sich seit 1773 in der Piastenkapelle (früher Dreifaltigkeitskapelle). Auf Initiative von Prälat Stefan Baldy (1935–2003), Priester an der Kreuzkirche, wurden die Gebeine des Herzogs 1999 in einer neuen Tumba beigesetzt, auf der nun die historische Grabplatte liegt. In der Piastenkapelle hängen ein Triptychon aus Kostau/Kostów (1519) sowie ein Gemälde mit dem Stammbaum der Oppelner Piasten (um 1700). In der Kathedrale gibt es zwei Kanzeln. Die farbig gefasste hölzerne Kanzel (1653) stammt aus der St. Rochus-Kirche/kościół św. Rocha in Ziegenhals/Głuchołazy; die andere fertigte der Breslauer Stuckateur Hans P. Echtler 1805 eigens für die Kreuzkirche an.

Der polnische König Boleslaw I. Chrobry soll den Bau der Heilig-Kreuz-Kirche 1002 verfügt haben. Die neue Kirche, ein hölzernes Gebäude, erhielt 1024 vom Breslauer Bischof Clemens eine Reliquie des hl. Kreuzes, die dieser vom hl. Emmerich, einem Sohn des ungarischen Königs Stephan I., bekommen haben soll. Aus diesem Grund zeigt das Oppelner Stadtwappen ein halbes Kreuz. Um 1232 wurde an der Kirche ein Stift eingerichtet. Ein Neubau aus Backstein entstand 1254–1295 als Basilika mit Turm. Während der Bauarbeiten übernahm die Bergelkirche vorübergehend die Pfarrrechte der Kreuzkirche. 1415 und 1446 zerstörten zwei schwere Brände das Gebäude, der Wiederaufbau – zugleich ein umfassender Umbau im gotischen Stil – konnte erst 1520 vollendet werden. Neu errichtet wurden der Chorraum, die Dreifaltigkeits-, die Hedwigs- und die Annenkapelle. Insbesondere Johann der Gute machte sich um die Rettung der Kirche verdient, daher wurde er 1532 vor dem Hauptaltar beigesetzt.

Im Zuge einer Renovierung (1897–1902) und Umgestaltung der Außenfassaden entstanden 1899 zwei 73 Meter hohe neugotische Türme nach einem Entwurf von Joseph Cimbollek. Als folgenreich für die Geschicke der Kirche erwies sich die Bulle von Papst Paul VI. vom 28. Juni 1972, mit der eine eigenständige Oppelner Diözese gegründet wurde. Bischof Franciszek Jop, der erste

Sir Henri

Die Sebastianskirche

Seite 40/41: Oppeln aus der Luft – im Vordergrund die Paschekeinsel mit Woiwodschaftsamt und Piastenturm, rechts dahinter der Ring mit dem Rathaus, links die Kathedrale

Ordinarius, weihte die Stiftskirche am 17. Juli 1972 feierlich zur Kathedrale zum Heiligen Kreuz. 1978 erhielt das Gebäude eine neue Bedachung aus Kupferblech, im November 1997 neue Bronzetüren mit Reliefs des Oppelner Künstlers Adolf Panitz (1936–2010), die den hl. Adalbert auf seiner Reise nach Oppeln und wichtige Ereignisse aus der Geschichte der Kathedrale zeigen. Auf dem Kirchhof ist eine Figur des hl. Nepomuk aus dem 18. Jahrhundert platziert, die bis 1831 vor der Einfahrt zum Herzogsschloss auf Pascheke stand.

Eine weitere interessante Kirche (27) befindet sich auf dem Sebastiansplatz/plac św. Sebastiana; sie ist dem hl. Sebastian geweiht und als einziges Gotteshaus in der Altstadt nicht nach Osten ausgerichtet. An ihrer Stelle stand ein Wirtshaus, von dem aus sich 1679 eine Pestepidemie mit 900 Toten innerhalb eines Jahres in Oppeln ausbreitete. Noch im November 1680 ließ der Breslauer Bischof auf dem Gelände des alten Gasthauses eine Kirche errichten. Der Bau wurde 1696 fertig gestellt und 1720 mehreren Pestheiligen geweiht: den hll. Sebastian, Karl Borromäus, Franz Xaver, Rochus und Rosalia. 1818 erhielt die Kirche einen von Friedrich Wilhelm Scheffler aus Brieg/Brzeg reich verzierten Orgelprospekt. Bei einem Umbau 1932 erhielt das Gebäude seine heutige Form, aus dieser Zeit stammt auch das Relief des hl. Sebastian über dem Eingang, eine Arbeit des Berliner Bildhauers Kurt Spribille.

Jenseits der Stadtmauern

Als Oppeln im 19. Jahrhundert Hauptstadt eines preußischen Regierungsbezirks wurde, stieg der Bedarf an Bauland. Zahlreiche Beamte, Militärangehörige und Arbeiter strömten in die Stadt und brauchten Wohnungen. Für das prosperierende oberschlesische Industriegebiet mussten neue Verkehrswege – Schienen, Wasserwege und Straßen – erschlossen werden, um Rohstoffe und Produkte effektiv transportieren zu können. Auch Oppeln stand vor diesen Herausforderungen. Bereits seit Mitte des 18. Jahrhunderts entstanden in der Umgebung der Stadt zahlreiche Verhüttungsbetriebe; Oppeln wurde zu einem Zentrum des Eisenhandels. Der wichtigste Transportweg lag außerhalb der Stadtmauern und wurde auf einer Karte von 1818 als Straße von Guttentag bezeichnet. Der Stadtrat ließ diese Straße befestigen und erweitern. 1842 wurde sie in Malapanerstraße umbenannt; noch der heutige Name – ulica Ozimska – erinnert an die einstige Eisenhütte in Malapane/Ozimek. An dieser und der Krakauer Straße/ulica Krakowska, die von der Altstadt zum Bahnhof führt, entstanden im 19. Jahrhundert neue Häuser und Hotels. Durch

Die Oppelner Philharmonie

die Schleifung der Stadtmauern konnte die Altstadt mit den neu erschlossenen Territorien verbunden werden.

In der sogenannten Krakauer Vorstadt/Krakowskie Przedmieście entstand 1830–1833 unter Aufsicht des preußischen Architekten Karl Friedrich Schinkel das neue repräsentative Regierungsgebäude, das 1945 zerstört wurde. Weitere prächtige preußische Verwaltungsbauten wie das Königliche Kreisgericht, das Landratsamt, die Oberpostdirektion und die Eisenbahnverkehrsinspektion wurden an der Krakauer Straße errichtet. Diese Straße wurde in der zweiten Hälfte des 19. Jahrhunderts zum repräsentativen Aushängeschild von Oppeln. Aufgrund ihrer Nähe zum Bahnhof öffneten im 19. Jahrhundert in der Krakauer Straße gleich drei Hotels: der »Krug« (heute befindet sich hier das »Mercure«), das »Deutsche Haus« und das »Forms«. Das letztgenannte öffnete seine Pforten auch für Kultur- und Unterhaltungsveranstaltungen, in seinem Festsaal fanden Konzerte, Theateraufführungen, Bälle und Empfänge statt. In der Zwischenkriegszeit befand sich hier das Kino »Kammer-Lichtspiele«, später in »Ufa-Theater« umbenannt. Die Krakauer Straße war gesäumt von eleganten Geschäften, Cafés und Restaurants. Vor dem Regierungsgebäude wurde 1891 ein Denkmal für Kaiser Wilhelm I. (1797–1888) enthüllt, der als Verkörperung des »alten Preußen« galt und sich großer Beliebtheit erfreute.

Nach dem Zweiten Weltkrieg wandelte sich das Gesicht dieser Straße. Viele Behördenbauten wurden abgetragen und durch stil- und geschmacklose Häuser ersetzt. Das Gebäude der Alten Regierung ersetzt heute eine öffentliche Grünanlage. Wo einst das »Forms« stand, wurde ein kleiner Platz mit dem **Denkmal der Oppelner Nike** (28) von Jan Borowczak (1970) angelegt. Ein Teil des Hotels blieb allerdings erhalten und wurde für das städtische Theater umgestaltet, ein neu angebauter Flügel diente als Konzerthaus. 1960 zog das Theater in ein neues Gebäude an der ulica Augustyn Kosny, heute das »Alojzy-Smolka-Theater für Puppen und Schauspieler«/Teatr Lalki i Aktora im. Alojzego Smolki, und 1965 richtete man am Theaterplatz ein neues Gebäude für ein zweites, das sogenannte Jan-Kochanowski- Theater in Oppeln ein. Die **Philharmonie** (29) übernahm den gesamten früheren Hotelbau, der 1969 nach Josef Elsner, dem schlesischen Komponisten und Lehrer von Frédéric Chopin, benannt und 2012 nach einer Erweiterung wiedereröffnet wurde.

Südlich und außerhalb der Oppelner Altstadt wurde Anfang des 20. Jahrhunderts der Friedrichsplatz/plac Ignacego Daszyńskiego angelegt, auf dem der Berliner Bildhauer Edmund Gomansky (1854–1930), ein gebürtiger Stettiner,

Ehemaliges, nicht mehr bestehendes Regierungsgebäude mit Kaiser-Wilhelm-Denkmal. Postkarte, 1905

Brunnen auf dem Friedrichsplatz/plac Ignacego Daszyńskiego

1904–1907 einen **Monumentalbrunnen** (30) im Jugendstil errichtete. Über allegorischen Figuren und drei Wasserspielen thront auf einem Sockel Ceres, die römische Göttin des Ackerbaus und Patronin der altrömischen Erntefeste, um deren Füße sich eine Weinrebe windet. Die Göttin schmiegt einen Säugling an ihre Brust, in ihrer Linken hält sie eine Spindel und eine Mohnkapsel. An der südlichen Ecke des Brunnens steht Neptun – ein Seemann mit einem Anker. Neben ihm greift Glaukos nach einem Fischernetz; beide symbolisieren das Oppelner Flößerwesen und die Oderschifffahrt. Hier brachte der Künstler seine Unterschrift an: E. Gomansky 1907. An der östlichen Ecke des Brunnens befindet sich ein athletischer Held mit Spitzhacke – Herkules, der sich von seiner schweren Arbeit ausruht. Er symbolisiert die Arbeiter der umliegenden Steinbrüche, die den Mergel für die Zementherstellung abbauten. An der nördlichen Ecke des Brunnens begegnet uns wieder Ceres, nun in Begleitung ihrer Tochter Proserpina. Die beiden mythologischen Frauengestalten stehen für die Oppelner Landwirtschaft, zu ihren Füßen liegen Getreide, Sichel und Opferkorb. Bis 1945 trug der Brunnen einen Spitzenbaldachin.

In der Hippelstraße/ulica Konstantego Damrota entstand 1903–1905 ein **Neorenaissance-Gebäude** (31) nach einem Entwurf des Berliner Architekten Julius Habicht (1874–1912); es diente zunächst der Reichsbank, heute der Bank PKO SA. Ganz in der Nähe, direkt an der 1843 in Betrieb genommenen Eisenbahnstrecke nach Breslau/Wrocław, befinden sich zwei für die Stadt sehr wichtige Bauten: der **Hauptbahnhof** (32) und die **Hauptpost** (33). Das eklektizistische Bahnhofsgebäude wurde 1899 errichtet und besteht aus zwei Teilen, die unterirdisch miteinander verbunden sind. Der Bahnhof überstand zwei Weltkriege und erfüllt bis heute seinen Zweck.

Bis in die zweite Hälfte des 19. Jahrhunderts markierte die Bahnlinie die südliche Stadtgrenze, danach bebaute man auch das Gebiet außerhalb der bisherigen Stadt. Die ehemalige Groschowitzer Vorstadt wurde 1842 zur Krakauer Vorstadt, und Ende des 19. Jahrhunderts verband man sie mit der Krakauer Straße, die in dieser Zeit vom Ring zur Zwingerstraße führte, zu einer repräsentativen Flaniermeile. 1854 entstand direkt am Bahnhofs-

Der Bahnhof von Oppeln

platz das neue Postamt nach einem Entwurf des Oppelner Architekten Albrecht, ursprünglich ein freistehendes Gebäude im Stil der Neorenaissance. 1891 wurde es um zwei symmetrische Flügel ergänzt. Neben dem Postamt erinnert ein **Ehrenmal an die im Ersten Weltkrieg gefallenen Postangestellten** (34), geschaffen vom Berliner Bildhauer Felix Kupsch (1885–1956). Am nahegelegenen Piastendamm/ulica Wojciecha Korfantego fällt ein modernistisches Gebäude von 1930 auf, in dem heute die polnische Telefongesellschaft ihren Sitz hat. Ein schöner Torbogen verbindet den Bau mit dem

Denkmal für die im Ersten Weltkrieg gefallenen Postangestellten

Postamt. Auf der gegenüberliegenden Straßenseite befindet sich die **Polizeidirektion der Woiwodschaft/Komenda Wojewódzkiej Policji** (35). Ihr Gebäude entstand 1923–1925 nach einem Entwurf von Wilhelm Grossart für die Reichsbahndirektion, die nach dem Plebiszit und der Teilung Oberschlesiens am 19. Juni 1922 von Kattowitz/Katowice nach Oppeln umgezogen war. Hier war – noch früher als im Regierungsgebäude auf der Insel Pascheke – der erste Paternoster in Oppeln in Betrieb.

Die heutige Bebauung der Oppelner Innenstadt ist sehr heterogen, alte und neue Gebäude stehen nebeneinander. Der Wiederaufbau der Nachkriegszeit ist nicht immer gelungen, so fügt sich etwa das Bürohaus in der Malapanerstraße nicht gut ins Stadtbild. Bedauerlicherweise wurden viele historische Bauten nicht wiederaufgebaut, so das Regierungsgebäude, maßgeblich geprägt von Karl Friedrich Schinkel, oder die übereilt für das Einkaufszentrum »Solaris« abgerissene Brauerei auf dem Wilhelmsplatz/plac Kopernika. Dennoch finden sich in Oppeln auf Schritt und Tritt deutliche Spuren der wechselvollen Geschichte der Stadt.

Literatur (Auswahl)

Bimler, Kurt, Bauten von Karl Friedrich Schinkel. In: Oppelner Heimatkalender 1933

Choroś, Monika/Jarczak, Łucja, Ludzie i historia w nazwach ulic Opola [Personen und Geschichte in Oppelner Straßennamen]. Opole 2011

Dziewulski, Władysław, Miasto lokacyjne w Opolu w XIII–XV wieku [Die Gründungsstadt in Oppeln im 13. bis 15. Jahrhundert]. In: Studia Śląskie, Bd. I. Opole 1958

Grundmann, Günther, Schlesien. Karl Friedrich Schinkel. Berlin 1941

Heffner, Krystian/Kreft, Wolfgang, Opole/Oppeln, Band 2. Marburg 2011

Idzikowski, Franz, Geschichte der Stadt Oppeln. Oppeln 1863

Katalog zabytków sztuki w Polsce [Katalog der Kunstdenkmale in Polen], Bd. VII: Województwo opolskie [Wojewodschaft Oppeln]. Hgg. v. Chrzanowski, Tadeusz/Kornecki, Marian, Heft 11, Miasto Opole i powiat opolski [Stadt und Kreis Oppeln]. Warszawa 1968

Krause, Walter, Grundriss eines Lexikons bildender Künstler und Kunsthandwerker in Oberschlesien, Bd. I. Oppeln 1933

Kuhn, Walter, Oppeln. In: Handbuch der historischen Stätten: Schlesien. Hg. v. Weczerka, Hugo, 2. Aufl. Stuttgart 2003, S. 378–385

Kwak, Jan, Miasta księstwa opolsko-raciborskiego w XVI–XVIII wieku [Die Städte des Herzogtums Oppeln-Ratibor im 16. bis 18. Jahrhundert]. Opole 1977

Opole, dzieje i tradycja [Oppeln, Geschichte und Tradition]. Hgg. v. Linek, Bernard/Tarka, Krzysztof/Zajączkowska, Urszula. Opole 2011

Opole: monografia miasta [Oppeln: Monographie der Stadt]. Hgg. v. Dziewulski, Władysław/Hawranek, Franciszek. Opole 1975

Oppeln. Bearb. v. Kaminsky, Friedrich. Berlin-Halensee 1926

Popłonyk, Urszula, Opole. Wrocław-Warszawa, 1970

Schiedlausky, Günther/Hartmann, Rolf/Eberle, Hilde, Die Bau- und Kunstdenkmäler des Stadtkreises Oppeln. Breslau 1939

Schmidt, Johann, Das Oppelner Rathaus. Festschrift zur Rathausweihe. Oppeln 1936

Steinert, Alfred, Geschichte der Juden in Oppeln. Oppeln 1922

Steinert, Alfred, Oppeln. In: Schlesisches Städtebuch. Hg. v. Stoob, Heinz, bearb. v. Peter Johanek. Stuttgart u. a. 1995 (Deutsches Städtebuch, Neubearbeitung, 1), S. 317–323

Zajączkowska, Urszula, 100 pocztówek Opola z lat 1897–1938 [100 Postkarten von Oppeln aus den Jahren 1897–1938]. Opole 1997

Zajączkowska, Urszula, Dawne widoki Opola [Alte Ansichten von Oppeln]. Opole 2001

Seite 47:
Häuser an der
Südseite des Rings

Bildnachweis:
Bildarchiv Foto Marburg/Fotograf Christofer Herrmann: 31, 32, 37
Rainer Boos, Regensburg: 10, 18 unten, 24, 34, 35
Deutsches Kulturforum östliches Europa, Potsdam: 17, 18, 19, 21 oben links, 22, 23, 28, 29, 38, 42, 43, 47
Usługi Fotograficzne Sławoj Dubiel, Opole: 15, 20, 21 unten, 33 unten, 36, 40/41
Museum des Oppelner Schlesien: 6, 8, 9, 11, 43
Till Scholtz-Knobloch/wochenblatt.pl: 16, 44, 45 oben
Forum/Süddeutsche Zeitung Photo: 5, 12/13
Universitätsbibliothek Würzburg: 4
Wikimedia: 7 (Marcin Szala), 14 oben (Daviidos), 14 unten (Jan Mehlich), 21 oben rechts (Daviidos), 27 (Daviidos), 30 (Jan Mehlich), 33 oben (Marcin Szala), 39 (Daviidos), 45 (Jan Mehlich)
Grundriss S. 29 entnommen aus: Ferdinand von Quast, Die Bau- und Kunstdenkmäler des Stadtkreises Oppeln, Breslau 1939

Bibliografische Information der Deutschen Nationalbibliothek
Die Deutsche Nationalbibliothek verzeichnet diese Publikation in der Deutschen Nationalbibliografie; detaillierte bibliografische Daten sind im Internet über http://dnb.d-nb.de abrufbar.

1. Auflage 2013
ISBN 978-3-7954-2592-0
Diese Veröffentlichung bildet Band 271 in der Reihe »Große Kunstführer« unseres Verlages. Begründet von Dr. Hugo Schnell † und Dr. Johannes Steiner †.

Leibnizstraße 13, D-93055 Regensburg
Telefon: (09 41) 7 87 85-0
Telefax: (09 41) 7 87 85-16
Druck: Erhardi Druck GmbH, Regensburg

Übersetzung aus dem Polnischen:
Katrin Adler, Berlin

Redaktion und Lektorat: Ariane Afsari, Harald Roth, Deutsches Kulturforum östliches Europa, Potsdam

Das Kulturforum dankt Dr. Tobias Weger vom Bundesinstitut für Kultur und Geschichte im östlichen Europa für seine fachliche Beratung.

Satz: Erhardi Druck GmbH, Regensburg
Gesamtdarstellung: Verlag Schnell & Steiner GmbH

Vordere Umschlagseite: Oppelner Rathausturm, rechts im Hintergrund die Bergelkirche
© ullstein bild – CARO/Andreas Bastian

Rückwärtige Umschlagseite: Der polnische Künstler Witold Pucharski schuf diese 2008 aufgestellte Statue für Karol Musioł, der als Bürgermeister von Oppeln (1952–1965) das »Landesfestival des polnischen Liedes« in der Stadt etablierte.
© Usługi Fotograficzne Sławoj Dubiel, Opole

Vorsatz: Stadtplan von Oppeln
© Dipl.-Ing. Dirk Bloch, Stadtplanerei BLOCHPLAN, Berlin

Nachsatz: Ansicht von Oppeln. Friedrich Bernhard Werner, Kupferstich, zwischen 1739 und 1752
© bpk/Bayerische Staatsbibliothek

Band 7 in der Reihe »Große Kunstführer in der Potsdamer Bibliothek östliches Europa« in Zusammenarbeit mit dem Deutschen Kulturforum östliches Europa. Das Kulturforum wird gefördert durch den Beauftragten der Bundesregierung für Kultur und Medien.

Weitere Informationen zum Verlagsprogramm erhalten Sie unter:
www.schnell-und-steiner.de

1. Das bey dem An: 1733. dar gestandenen Campement aufgerichtete Luft-Hauß.
2. Das Heu-Magazin.
3. S. Sebastian Kirchel.
4. Stadt Pfarr und Collegiat Stifft zum heil. ✠.
5. Der glocken Thurn.
6. Storchnest Thurn.
7. Das Berg-Thor.
8. Jesuiter-Kirchel.
9. Seminarium.
10. Dominicaner-Kirch.
11. Rath Haus Thurn.